AF335790

LETTRES
PATENTES DV ROY

Charles VII. en forme de Commiſſion ad-
dreſſantes aux Baillifs de Touraine, reſſorts
d'Anjou & du Mayne, de Chartres, de Montargis, de Cepoy, & exemptions du Duché d'Orleans, de Berry & de ſainct Pierre
le Mouſtier, par leſquelles leur eſt mandé
d'informer contre les Seigneurs & autres
pretendans droit de peage ſur la Riuiere de
Loyre & autres Fleuues y deſcendans, qui
ont leué leſdits peages depuis l'abolition
qui auoit eſté fait d'iceux par les Edits de
l'an 1430. & 1438. & leſdites informations
faites les enuoyer cloſes & ſeellées à la
Cour de Parlement à Paris, pour leur eſtre
fait leur procés & parfait, à laquelle Cour
de Parlement eſt attribué la cognoiſſance
de tous les procés qui interuiendront pri-
uatiuement à toutes autres.

A ORLEANS,
Par G I L L E S H O T O T, Imprimeur ordinaire
du Roy, & de Monſeigneur le Duc d'Orleans.

M. DC. XXX.

(6)

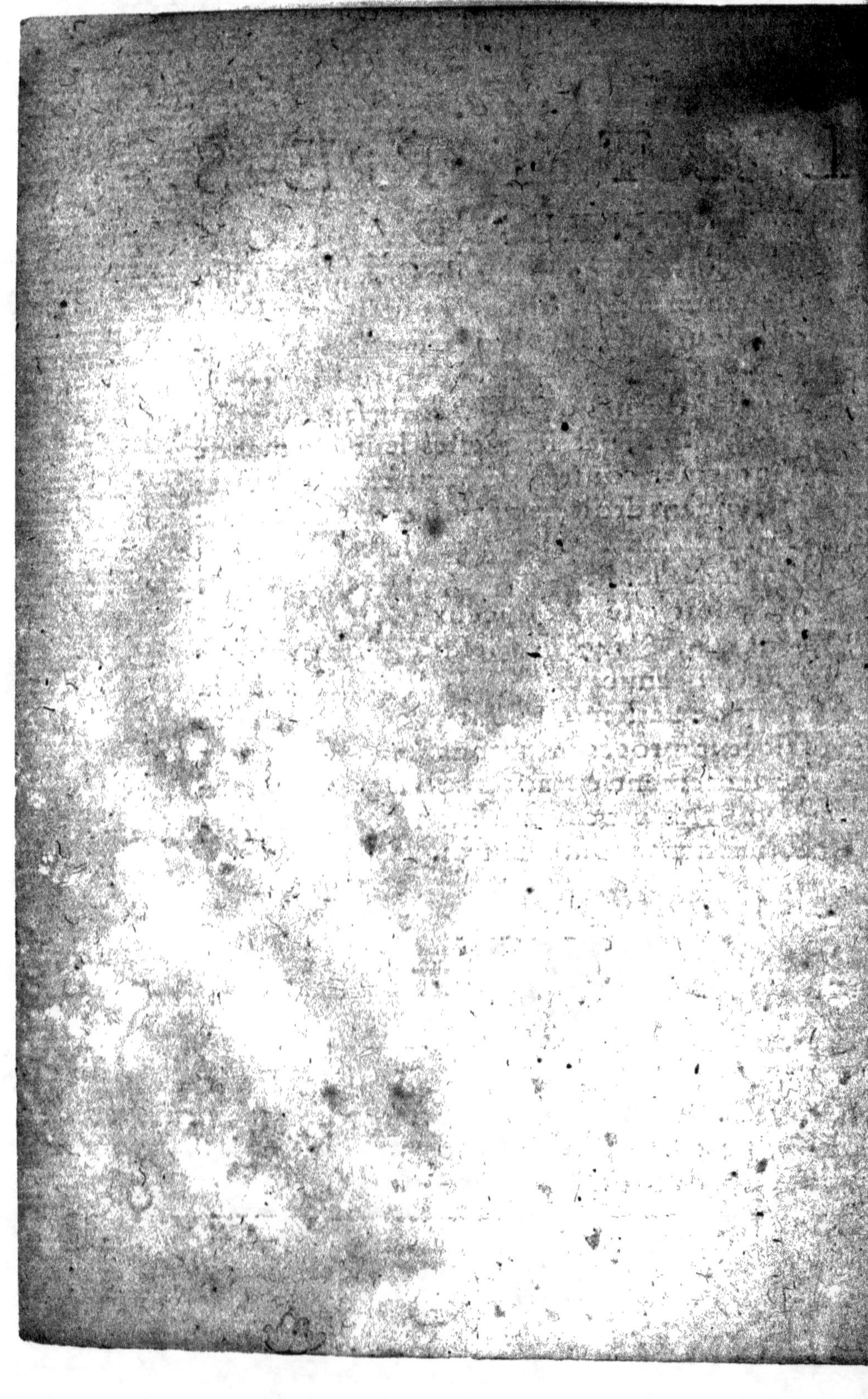

CHARLES, Par la Grace de Dieu Roy de France, Aux Baillifs de Touraine des reſſorts d'Anjou, & du Mayne, de Chartres, Montargis, de Cepoy & exemptions du Duché d'Orleans, de Bery, de ſainct Pierre le Mouſtier, & à tous nos autres Iuſticiers ou à leurs Lieutenans, Salut, Nous auons receu humble ſupplication des Marchands frequentans & marchandans ſur les Fleuues & Riuieres de Loyre & autres Fleuues & Riuieres deſcendans en icelle, contenant comme par la delibera-

A ij

tion de nostre Grand Conseil nous
ayons octroyées ausdits supplians
nos autres Lettres desquelles l'en dit
la teneur estre telle. CHARLES
par la Grace de Dieu Roy de France,
Aux Baillifs de Touraine & des ressorts & exemptions d'Anjou & du
Mayne, de Chartres, de Montargis,
de Cepoy & des ressorts & exemptions du Duché d'Orleans, de
Giem, de Berry, & de sainct Pierre
le Moustier, & à tous nos autres Iusticiers & Officiers ou à leurs Lieutenans, Salut, Receuë auons l'humble
supplication des Marchands frequentans & marchandans sur le
Fleuue & Riuiere de Loyre & autres
Fleuues & Riuieres descendans en
icelle, contenant, que iaçoit ce que
dés l'an mil quatre cens trente, apres
plusieurs grandes plaintes & clameurs que par long-temps auions

euës, & qui chacun iour nous surue-
noient , tant par lesdits Marchands
que par autres , des tres-grands ex-
cessifs outrages & importables ay des
& peages , trauers , subsides & nouueaux imposts qui auoient esté &
estoient de iour en iour mis sus , imposez & leuez sur les denrées & marchandises passans par lesdités Riuieres , tant par plusieurs Seigneurs &
Cappitaines , Chastelains , Bourgeois & Habitans des Villes , Cha-
teaux & Forteresses estans sur icel-
celles Riuieres & autrement , tant
de leur authorité indeuë , comme
aussi sans nos cógez & licence don-
nez par nous non aduerty & par
nos Lettres sur ce obtenuës causées
des reparations , fortifficacions &
emparemens desdits Villes & lieux
& autres leurs affaires & autres causes. Nous pour sur ce donner reme-

de & prouision au bien & proffit du
fait de marchandise & de la chose
publique, & afin de garder & faire
garder & preseruer lesdits Marchands de griefs & extortions indeuës. Aussi pour la conseruation
de nos droits eussions en nostre-di
Grand Conseil, & par l'aduis & deliberation d'aucuns des Seigneurs d
nostre Sang, & aussi des gens de no
stre-dit Grand Conseil, & des tro
Estats lors assemblez pardeuers nou
en la Ville de Saumur, ordonné, di
cerné & declaré par Edit perpetu
& irreuocable tous aydes, peage
trauers, truages, subsides & impos
quelsconques qui depuis soixant
ans auoient estez mis & imposez o
accreus par quelsconques personn
ou sous quelsconques couleurs qu
ce eust esté, sur les denrées & ma
chandises montans & descenda

par lesdites Riuieres estre nulles &
de nulle valeur les eussions abolis,
reuoquez & du tout mis au neant,
ce qui en auoit esté depuis rexhigé
depuis ledit temps estre reparé ainsi
qu'il appartiendra , & que contre
ceux qui en seroient trouuez chargez nostre Procureur General se fist
partie, comme toutes ces choses &
autres sont plus à plain contenuës &
declarées en nos Lettres faites sur
nosdites Ordonnances & Declaration , & que nosdites Ordonnances
& Declaration fussent bonnes & raisonnables , & parce deussent & doi-
uent auoir esté & estre tenuës , gar-
dées & obseruées en leurs termes
sans qu'il soit , ne fust licite à aucun
de venir au contraire , mesmement
qu'elles ayent esté bien & deuëment publiées par tous les lieux où
il appartenoit , & que de ce ayent

esté faites defenses à tous ceux à qui ce pouuoit toucher & à grosses peines à nous à appliquer, & que encores lesdits suppliás ayent sur ce obtenu nos autres Lettres narratiues & confirmatoires des choses dessusdites. Neantmoins depuis nosdites Ordonnances & Declaration, & nonobstant icelles sous diuerses couleurs & par vertu de nos Lettres sur ce octroyées ou autrement lesdits aydes, peages, trauers, truages, subsides nouueaux imposts, & autres que les anciens ont par plusieurs desdits Seigneurs, Cappitaines, Chastelains, Bourgeois & Habitans des Villes esté continuels, & d'abondant en ont d'autres esté mis & imposez, cueillis & leuez, & aucuns des anciens acreus & augmentez à leur plaisir & volonté, & mesmement à Lenges, Colombiers, Maille, Roche-Courbon

che Courbon , la Cloaiſon d'An-
gers , le Treſpas de Loyre , la Cloaiſon de Saumur , l'entrée & yſſuë de
Tours , de Baugency , au Pont de
Meun à Orleans , Chaſteauneuf,
Pont de Scé , de Guetry à Sully,
Giem , la Charité , & en pluſieurs autres lieux où les vns prennent le di-
xieſme , les autres le quinzieſme , &
les autres à volonté & le plus ſouuent par force, outre & pardeſſus les
peages anciens. Et quant aucuns
deſdits Marchands oublient à declarer aucunes choſes de leurs denrées
& marchandiſe , aucuns des Peageurs deſdits lieux les prennent &
arreſtent comme confiſquez & ſous
ombre de ce ſe leuent & font les reſ-
fections & reparations deſdites Villes & places , & ceux qui ont leurs
rentes & font leurs marchandiſes en
icelles en ſont exempts, Et encores

B

aucuns des puiſſans Marchands
pour éuiter leſdits truages, impoſts
trouuent maniere auec les grands
Seigneurs & leurs Officiers qu'ils
leurs preſtent leurs noms, & ad-
uoüent les marchandiſes eſtre à eux:
tellement qu'ils ſont quittes deſdits
truages & impoſts, & parce ont en
leurs mains le plus grand fait de marchandiſe, & conuient que les autres
Marchands communs acheptent les
denrées plus qu'elles ne vallent, &
auſſi eſdites Riuieres & ſur les voyes
& riuages d'icelles à pluſieurs moulins, eſcluſes, brayes, combres, peſ-
cheries, boys, hayes, & autres choſes empeſchans le cours deſdites Riuieres tellement que les vaiſſeaux &
batteaux deſdits Marchands ne peuuent paſſer & en ſont peris, & periſ-
ſent ſouuent pluſieurs, à l'occaſion
deſquelles choſes deſſuſdites le

fait de ladite marchandife eft entierement deftruite , qui eft chofe
moult pitoyable , en grand contempt , mefpris & irreuerence de
nous & de nofdits Edits , conftitution & Ordonnances & Lettres , &
en enfraignant icelles & commet-
tent lefdites peines, & où tres-grand
grief , preiudice & dommage de
nous & de toute la chofe publique
de noftre Royaume & defdits expo-
fans : Et plus feroit fi par nous ne leur
eftoit fur ce pourueu de remede
conuenable , fi comme ils dient,
requerant humblement iceluy.
Pourquoy nous euë confideration
aux chofes deffufdites , & aux aucunes plaintes qui continuellement
nous font faites en cefte partie , de-
firans de tout noftre pouuoir y mettre & donner nouuelle prouifion
conuenable. Et nofdits Edits, confti-

tution & Ordonnances eſtre entierement doreſnauant tenuës & gar-
dées ſans enfraindre pour le bien &
entretenement du fait de marchandiſe, & proffit de la choſe publique:
Et les tranſgreſſeurs & infracteurs
d'iceluy eſtre tellement punis que
ce ſoit exemple à tous autres pour le
temps à venir, iceux aydes, peages,
truages, ſubſides & nouuelletez,
impoſts mis & impoſez, cueillis &
leuez depuis ledit temps de ſoixante
ans, à conter de la datte de noſdites
Lettres faites ſur leſdits Edits, conſtitution & Ordonnance ſur les denrées & marchandiſes paſſans & re-
paſſans par leſdites Riuieres & entrans & yſſans és Villes & lieux de
deſſus icelles autres que les peages
& acquits anciens, & auſſi toutes
creuës & augmentations faites &
continuées & impoſez ſur leſdits

peages & acquits anciens quelsconques personnes & par vertu de
quelsconques tiltres ou Lettres que
ce soit impetrées ou à impetrer de
nous ou autrement. Auons par l'aduis & deliberation de plusieurs des
Seigneurs de nostre Sang & des
gens de nostre Grand Conseil de
nouuel & d'abondant en conser-
uant & approuuant nosdites Ordonnances , decret & Declaration
abbatus , abolis, reuoquez & anullez , abbatons , abbolissons , reuo-
quons & anullons par ces presentes.
Si vous mandons & commettons
& à chacun de vous , si comme à luy
appartient , que ces choses vous faites publier & signiffier par cry public , solemnel & autrement , ainsi
que le cas le requiert , par tous les
lieux où il appartiendra , tellement
que aucun ne puisse pretendre cause

d'ignorance. Et en ce faisant faire
ou faites faire par ledit cry public &
solemnel exprés commandement
inhibition & defense de par nou
à tous les Seigneurs, Cappitaines
Chastelains, Receueurs, Peageurs
Bourgeois & Habitans desdites Vil
les & à leurs Receueurs, Commi
& Depputez de dessus lesdites Ri
uieres, & tous autres qu'il appar
tiendra, dont vous serez requis, &
lesquels ont ainsi imposez, cueilli
& leuez lesdits aydes, peages, subsi
des & nouueaux imposts depuis le
dit temps de soixante ans : Et auss
lesdites creuës & augmentation
que ils & chacun d'eux en cessen
doresnauant, & que plus n'en le
uent, ne facent, ou souffrent leue
aucuns autres que lesdits ancien
peages sur quelsconques denrées ou
marchandises que ce soient passan

ar lefdites Riuieres en montant ou
eualant, trauerfant, entrant, ou yf-
ant par lefdites Villes & lieux, fur
eine de confifcation de leurs Sei-
neuries & de leurs priuileges qu'ils
nt fur ce, & fur certaines autres
randes & groffes peines à nous à
ppliquer. Ains rendent & refti-
uent aufdits Marchands ce qu'ils
nt pris, leué & exhigé depuis nof-
its Edits, conftitution & Ordon-
ances. En faifant auffi & faifant fai-
e exprés commandement de par
ous fur lefdites peines à tous ceux
u'il appartiendra, & dont vous fe-
ez requis, que lefdits moulins, efclu-
es, combres, boys, hayes & autres
hofes empefchans le cours defdites
Riuieres, & le paffage defdits vaif-
eaux, ils les oftent ou facent ofter
& mettre en eftat deu tantoft, & fans
delay à leurs defpens, & en leur refus

ou delay , vous mefmes les oftez, ou
faites ofter & mettre en tel & fi deu
eftat, que lefdits cours & paffages
puiffent eftre fi feurs que aucun inconuenient ou dommage ne s'en
puiffe , ou doiue plus enfuir aufdits
Marchands , ne à leurs denrées &
marchandifes. Et auec ce faites faire
commandement, inhibition & de-
fenfe de par nous fur lefdites peines,
ou autrement, telles que de raifon
à ceux defdits Seigneurs, Cappitaines , Bourgeois, Habitans ou autres
qu'il appartiendra , & dont vous fe-
rez requis, que plus ils ne aduien-
nent aucuns defdits Marchands de
leurfdites marchandifes. Et auffi à
iceux Marchands que plus ne fe facent aduoüer , ne fouftenir en quel-
que maniere que ce foir , au preiudice des autres Marchands & du fait
commun de ladite marchandife,

Ains

Ains reparent ou facent reparer ce
que fait en auront, en contraignant
& souffrir estre faites & accomplies
les choses dessusdites chacun en son
esgard, qui tous ceux pour ce seront
à contraindre par la prouision & detention de leurs terres & autres
biens, par toutes autres voyes, manieres deuës & raisonnables. Et en
cas que debat ou opposition naistra
sur les choses dessusdites, ou aucunes d'icelles lesdites choses, & mesmement lesdits peages, trauers, subsides & nouueaux imposts mis ou à
mettre sus, en quelconque lieu, ou
pour quelconque cause que ce soit
par vertu de nos Lettres, ou autrement tenus en suspens, sans que aucune chose en soit ou puisse estre le-
uée sur lesdits Marchands, ne sur
leursdites denrées ou marchandises,
iusques à ce que par nostre Cour de
C

Parlement autrement en soit ordonné. Consideré que la cognoif-
fance & interruption de nosdits
Edits, constitution & Ordonnance
est attribuée en nostre-dite Cour de
Parlement en laquelle ceste matiere est de grand chose, & qu'elle tou-
che nous & le fait de la chose publique, & aussi de plusieurs Seigneurs
& autres pourra mieux plustost, plus
seurement & par meilleur Conseil,
cessans tous ports, faueurs & inuo-
lutions de procés estre traittée, dif-
cutée & determinée que ailleurs.
Adiournez ou faites adiourner lesdits opposans, ou faisans ledit debat, & aussi tous ceux que par information par vous faites ou à faire, ou
autrement, deuëment vous trouue-
rez chargez ou coupables d'auoir
fait aucun abbus & excés touchans
ceste matiere en aucunes des manie-

res deſſus declarées , & d'eſtre venus
contre noſdits Edits , Statuts & Ordonnances , les auoir enfraintes , en
encourant leſdites peines ou qu'ils
feront le temps à venir à comparoir
en perſonne , ou autrement , ſelon
l'exigence du cas en noſtre-dite
Cour de Parlement , à certain &
compétant iour ordinaire ou extra-
ordinaire de noſtre preſent Parlement , ou de nos autres Parlemens
aduenir , nonobſtant que noſtre-dit
preſent Parlement ſiée , & que par-
duance les parties ne ſoient pas dés
ours dont l'en plaidera lors , pour
dire comme à chacun d'eux pour-
oit toucher les cauſes de leurdit de-
at ou oppoſition , & ouir telles de-
mandes , requeſtes & concluſions
que noſtre Procureur & leſdits ſup-
lians pour tant , comme à chacun
'eux pourra toucher vouldront

contre eux, & chacun d'eux faire,
propofer & requerre pour action
des chofes deffufdites, leurs circon-
ftances & dependances, refpondre,
proceder & aller auant en outre fe-
lon raifon, en certiffiant deuëment
nos Amez & Feaux Confeillers, les
gens tenans, ou qui tiendront nofdits Parlemens de tout ce que fait
aura efté en cefte partie: Et leur r'en
uoyant ladite information ou informations feablement clofes & feel-
lées, aufquels pour les caufes deffufdites, mandons & enjoignons que
entre les parties icelles ouïes facent
bon & brief accompliffement d
Iuftice, en faifant telle prouifion
aufdits Marchands touchans le
chofes deffufdites pendans les procés qui fe pourront fur ce mouuoi
qu'ils verront eftre à faire par raifo
au bien & vtilité du fait de la chof

publique. Car ainfi nous plaift-il
& voulons eftre fait de grace fpecial
par ces prefentes, au *vidimus* defquelles fait fous feel Royal, nous
voulons pleine foy eftre adiouftée
comme à ce prefent original, nono-
bftans oppofitions ou appellations
quelsconques ou dons par nous fais
ou à faire, Ordonnances, Mandemens, reftrinctions & Lettres impetrées ou à impetrer à ce contrai-
res des chofes deffufdites. DONNÉ
à Bourges le vingt-neufuiefme iour
de Iuin, l'an de grace mil quatre cens
trente-huict. Et de noftre Regne le
feixiefme. Ainfi figné Par le ROY
en fon Grand Confeil. D. BVDE'.
Lefquelles nos Lettres deffus tranf-
criptes ayent efté folemnellement
criées & publiées en plufieurs Villes
& Citez affifes & fcituées fur le Fleuue de ladite Riuiere de Loyre, & au-

tres Fleuues & Riuieres descendans
en icelle, tellement & si notoire-
ment que aucun n'en à peu ou d'eust
pretendre ou auoir iuste cause d'i-
gnorance. Et par lesdits cris & publi-
cation fait exprés commandement
de par nous à tous les Seigneurs,
Cappitaines, Chastelains Receueurs,
Peageurs, Bourgeois & Habitans
desdites Villes & Citez, & à leurs
Receueurs, Commis & Depputez,
és Citez Villes & lieux scituez dessus lesdites Riuieres, & à tous autres
à qui le fait pourra toucher & appartenir qui auoient ainsi imposez &
s'estoient efforcez cueillir, leuer &
exiger contre raison les aydes, peages, subsides & noueaux imposts
depuis ledit temps de soixante ans, à
conter de la datte de certaines nos
autres Lettres sur ce obtenuës par
lesdits supplians, qui furent données

an mil quatre cens trente, ou en au-
re temps illec enuiron : & aussi que
es creuës & augmentations dont
osdites Lettres font mention, que
ux & chacun d'eux auoient mises
s & contre nos volontez , & l'o-
roy & Ordonnance contenus en
osdites Lettres dessus transcriptes,
ue ils & chacun d'eux en cessassent
illec en auant, & que plus n'en le-
ssent, ou souffrissent leuer aucuns
tres que les anciens peages sur
uelsconques denrées & marchan-
ses que ce fussent, passans par lesdi-
s Riuieres, en montant ou deua-
t, trauersant, entrant & yssant par
dites Villes & lieux sur peine de
nsiscation de leurs Seigneuries, de
urs droits & priuileges qu'ils
oient ou pourroient auoir sur ce,
sur certaines grandes peines à
us à appliquer, & qu'ils rendissent

& reſtituaſſent auſdits chacun en
droit ce qu'ils auoient pris, leué &
exigé depuis noſdites conſtitution
& Ordonnances : En faiſant auſſ
exprés commandement ſur leſdites
peines à pluſieurs perſonnes ayan
moulins, eſcluſes, combres, bois
hayes & autres choſes empeſchan
le cours deſdits Fleuues & Riuiere
& le paſſage des vaiſſeaux eſquels ſ
menoient & conduiſoient leſdite
denrées & marchandiſes, qu'ils le
oſtaſſent ou fiſſent oſter & mettr
en eſtat deu & conuenable tanto
& ſans delay, à leurs deſpens: Et e
leur refus ou delay qu'ils ſeroier
oſtez & mis par vous ou vos Com
mis en tel & ſi conuenable eſtat qu
leſdits cours & paſſages puiſſent eſt
ſi ſeurs que aucun inconuenient, o
dommage ne s'en puiſſe ou d'eu
plus enſuiure auſdits ſupplians, ne
leu

eurs denrées & marchandises , &
qu'ils reparassent ou fissent reparer
ce que fait auoient au contraire , si
comme toutes ces choses & autres
peuuent plus à plain apparoir par la
teneur de nosdites Lettres , & par
certiffication suffisante des cris &
publications dont dessus est fait
mention , mais nonobstant lesdits
cris & publications , commandemens , inhibitions & defenses faits
par vertu de nosdites Lettres dessus
transcrittes , & sur les peines declarées & contenuës en icelles nos Lettres, & autres grandes & grosses peines specifiées en faisant iceux cris &
publications à nous à appliquer & à
rendre sur les transgresseurs, ou faisant le contraire de nosdits Edit &
volonté, octroy & Ordonnance &
du contenu en icelles nos Lettres
plusieurs Seigneurs, Cappitaines , &

D

Gardes de ports , paſſages , Bourgeois & Habitans des Citez & Villes ſcituées ſur leſdits Fleuues & Riuieres, en venant directement à noſdits vouloir, Edit, octroy & Ordonnances , & la teneur de noſdites Lettres & attemptant ſolement contre
noſdits commandemens , inhibitions & defenſes deſſuſdites , encourant eſdites peines à eux ſur ce inſli-
gées par leſdits cris & publications
ſe ſont efforcez & efforcent de iour
en iour prendre , leuer & exiger de
fait ſur les denrées & marchandiſe
deſdits ſupplians, montans, deſcen-
dons ou trauerſans par leſdites Riuieres , entrans ou yſſans par leſdite
Villes & lieux ſous diuerſes couleurs, tant de leur volonté indeuë
comme par vertu de certaines no
autres Lettres qu'ils veulent dir
les auoir eſté octroyées , & que pa

importunité de requerans ou autrement pourroient auoir esté obte-
nus, nous non aduerty de nos
octroy, & Ordonnances sur ce faites & octroyées ausdits supplians en
faueur de ladite marchandise, & du
bien public de nostre Royaume, ont
depuis mis, imposé, cueilly & leué,
& de iour en iour s'efforcent mettre,
imposer, cueillir, leuer & exiger de
fait à tort & contre raison iceux nouueaux aydes, peages, truages, trauers,
subsides, imposts & noualitez de
leurs volontez indeuës sur les denrées & marchandises desdits supplians, Et en especial és lieux cy-des-
sous declarez : c'est asçauoir au lieu
de Roche-fort, la Cloaison d'An-
gers, le Trespas de Loyre la Cloaison de Saumur, l'entrée & yssuë de
Tours, le dixiesme que on leüe &
s'efforce l'en leuer à Baugency la

nouualité mis sus pour le Pont d'Orleans, tant par eauë que par terre à
Gergeau, & que fait prendre & leuer sur les denrées le Sieur de Guitry
ou lieu de Chasteau-neuf ou illec
prés sur ladite Riuiere à Suly, à Gié,
& le quarantiesme que on leue de
nouuel à la Charité, à Neuers & sur
icelle Riuiere le peage nouuelle-
ment mis sus à la nau de Ris sur
Alier, & aussi certain peage que on
leue à Moulins en Bourbonnois,
pour nostre Tres-cher & Tres-amé
Cousin le Duc de Bourbonnois &
d'Auuergne & en autres lieux, lesquels exacteurs ou Commis estans
esdits lieux s'efforcent prendre, leuer & exiger sur lesdites denrées
desdits supplians telles & si grandes
exactions que ils ne les pourroient
bonnement supporter, & auec ce
plusieurs Seigneurs ayans peages sur

lefdites Riuieres ont augmentez &
acreux, augmentent & accroiffent
de iour en iour à leur plaifir & volonté iceux peages, mefmement au
lieu de Champroceaux à Champto-
cé, au port de Valée, à Lenges, Colombiers, à Maille, à Roche-Courbon & ailleurs, Et auffi plufieurs defdits Seigneurs, Cappitaines prennent de fait & fans payer plufieurs
defdites denrées & marchandifes
defdits fupplians quand ils les paf-
fent par les deftroits de leurs peages
& Seigneuries. Et à cefte occafion
pour les tres-grands & importables
charges, griefs & dommages en
quoy lefdits fupplians font grande-
ment endommagez, & en cheent
& encourent de iour en iour en
grands pertes & dommages, & tant
que les viures denrées & marchandifes conduites par lefdites Riuieres

en font encheries & encheriffent de
la moitié & plus, à la totalle deftru-
ction du fait de ladite marchandife,
& defdits fupplians, dont les plufieurs d'eux en font defers & de-
ftruits de leurs cheuances, qui eft
chofe moult pitoyable, & en grand
contempt, mefpris & irreuerence
de nous, d'iceluy noftre Edit, & au
tres-grand grief & dommage de la
chofe publique de noftre-dit Royaume & defdits fupplians, & feroit
plus fi par nous ne leur eftoit & eft
fur ce pourueu de noftre gracieux &
conuenable remede, fi comme ils
dient, humblement requerans iceluy. Pourquoy nous ces chofes con-
fiderées, ayans regard aux grandes
plaintes & clameurs qui continuellement nous ont efté & font faites
en cefte partie. Defirant de tout noftre pouuoir & volonté mettre &

donner autre nouuelle prouision
deuë & conuenable, à ce que nos
Edit, constitution & Ordonnance
& le contenu en nosdites Lettres
dessus inserrées ayent effect & vertu,
& soient entierement entretenus &
gardez en leurs termes sans estre en-
frains ne corrompus pour le bien
continuation & entretenement du
fait de ladite marchandise, & proffit
de nous & de la chose publique de
nostre Royaume, & les trangres-
seurs & infracteurs d'iceux nos Edit
& Ordonnances, & le contenu en
nos autres Lettres estre tellement &
si griefuement punis & corrigez que
ce soit exemple de bonne Iustice à
tous autres Iusticiers pour le temps
aduenir, iceux aydes, truages, subsides, peages, nouualitez & imposts
mis & imposez que l'en c'est efforcé
cueillir & leuer depuis ledit temps

de soixante ans en ça , à conter de
la datte de nosdites Lettres faites sur
les Edit, constitution & Ordonnance donc declaration est faite cy-de-
uant en nosdites autres Lettres sur
les denrées & marchandises passans
& repassans par lesdites Riuieres
trauersans, entrans & yssans és Villes & lieux scituez sur iceluy autres,
& que les acquits & peages anciens,
& aussi toutes creuës & augmentations faites continuees & imposées
sur lesdits peages & acquits anciens
par quelsconques personnes & par
vertu de quelsconques tiltres ou
Lettres impetrées de nous. Auons
par l'aduis & deliberation de nostre
Grand Conseil, tenu en ceste Ville
d'Orleans, auquel estoient plusieurs
Seigneurs de nostre Sang , & autres
gens de nostre Grand Conseil, de
nouuel & d'abondant en conser-
uant,

ūant loüant & approuuant nos Ordonnances , vouloir & octroy , decret & Declaration dont deſſus eſt
parlé , abbatus , abolis , reuoquez &
anullez , abbatons, abboliſſons, re-
uoquons , anullons & mettons du
tout au neant par ces preſentes. Si
vous mandons , commandons &
enjoignons en commettant ſi me-
ſtier eſt, & à chacun de vous, ſi comme à luy appartiendra , que ces choſes vous faſſiez crier , publier & ſi-
gniffier par cry public & ſolemnel
ou autrement , ainſi que il appartient , & que le cas le requiert par
tous lieux où il appartiendra & que
vous ſerez requis , tellement que aucun ne puiſſe ou doiue auoir, ou pretendre cauſe d'ignorance. Et en ce
faiſant faites ou faites faire par ledit
cry public & ſolemnel exprés commandement , inhibition & defenſe

E

de par nous à tous les Seigneurs,
Cappitaines, Chastelains, Procureurs
des Villes, Peageurs, Bourgeois &
Habitans desdites Villes & à leurs
Receueurs, Commis, Deputez, & à
tous autres à qui il appartiendra
dont vous serez requis, lesquels ont
ainsi imposé, cueilly & leué lesdits
noueaux subsides & imposts mis
sus depuis ledit temps de soixante
ans en ça. Et aussi lesdites creuës &
augmentations que ils & chacun
d'eux en cessent, & ne soient doresnauant si hardis sur peine d'encourir nostre indignation perpe-
tuelle que plus ne leuent, facent,
ou souffrent leuer aucuns autres aydes, subsides ou autres exactions
quelsconques que lesdits anciens
peages sur quelsconques denrées ou
marchandises que ce soient, passans,
trauersans, montans ou descendans

par lefdites Riuieres, entrans & yf-
fans efdites Villes fur peine de cón-
fifcation de leurs terres & Seigneuries, à caufe defquelles ils dient lefdits aydes leur appartenir, & de leurs
droits & priuileges, à l'occafion def-
quels en abufant d'iceux ils auroient
voulu & fe feroient efforcez leuer
lefdites nouuallitez & creuës fur les
denrées & marchandifes defdits fupplians contre nos deffufdits Edits,
Ordonnances , Commandemens,
inhibitions & defenfes à eux faits
par lefdits cris & publications, & fur
peine d'encourir en autres grandes
peines à nous à appliquer qui leur
fera de nouuel & d'abondant infli-
gées & indits, Ains qu'ils & chacun
d'eux tranfgreffeuss & infracteurs de
nos Ordonnances & Edits dont deffus eft fait mention , rendent & re-
ftituent aufdits fupplians & à leur

general Procureur tout ce qu'ils auront pris, leué & exigé ſur eux depuis
noſtre-dit Edit, conſtitution & Ordonnance. En faiſant auſſi ou faiſant faire exprés commandement
de par nous ſur leſdites peines à tous
ceux qu'il appartiendra, & dont vous
ſerez requis, que leſdits moulins, eſcluſes, combres, brayes, boys,
hayes & autres choſes empeſchans
le cours deſdites Riuieres & le paſſage deſdits vaiſſeaux & les voyes
par où leſdits Marchands vont con-
duiſant & menant leurſdits challans,
ils oſtent & facent oſter & mettre au
deliuré, & en eſtat deu & conuenable, tantoſt & ſans delay, à leurs deſpens, & en leur refus, delay ou de-
meure vous meſmes les oſtez ou
faites oſter à leurs propres deſpens,
& mettre en tel & ſi deu eſtat que
leſdits cours & paſſages puiſſent

estre si seurs que aucun inconu-
nient ou dommage ne s'en puisse ou
doiue plus ensuir ausdits supplians,
ne à leurs denrées & marchandises,
en contraignans à faire, & souffrir
estre faites & accomplies les choses
dessusdites, & chacune d'icelles en
son regard tous ceux qui pour ce seront à contraindre par la prinse &
detention de leurs terres & autres
biens, & par toutes autres voyes &
manieres deuës & raisonnables. Et
en cas que debat ou opposition naistra sur les choses dessusdites ou aucunes d'icelles, & mesmement au regard desdits peages, trauers, subsides & nouueaux imposts mis ou à
mettre sus en quelsconques lieux
ou lieu, ou pour quelsconques causes que ce soit par vertu de nos Lettres ou autrement, tenu en estat &
suspens, sans ce que aucune chose

en soit où puisse estre leué sur lesdits
supplians, ne leurs denrées & marchandises, & iusques à ce que par
nostre Cour de Parlement autrement en soit ordonné, Attendu que
la cognoissance & interpretation de
nosdits Edits, constitution, confir-
mation & Ordonnances est attribuée à nostre-dite Cour de Parlement, en laquelle ceste matiere qui
est de grande chose, & qu'elle tou-
che nous, le fait de la chose publique de nostre Royaume, & aussi
plusieurs Seigneurs & autres pourra
mieux, plustost, plus seurement &
par meilleur conseil, cessans tous
ports & faueurs & toutes inuolu-
tions de procés estre traittée, discu-
tée & determinée que ailleurs. Adiournez ou faites adiourner les opposans, refusans ou faisant ledit debat, aussi tous ceux que par infor-

nation par vous faites ou à faire, ou
autrement deuëment vous en trou-
uerez coupables d'auoir faits aucuns
abbus ou excés touchans ceste matiere, en aucune des manieres deſſuſdites & declarées, & d'eſtre venus
contre noſdits Edits, Statuts & Ordonnances, & les auoir enfraintes,
en encourant leſdites peines, ou
qui le feront le temps aduenir, à
comparoir en perſonne & de main
miſe, ſur peine de banniſſement de
noſtre Royaume, de confiſcation
de corps & de biens, & d'eſtre at-
taints & conuaincus des cas à eux
impoſez, ou autrement, ſelon l'e-
xigence du cas en noſtre-dite Cour
de Parlement, à certain & compe-
tant iour ordinaire ou extraordinai-
re de noſtre preſent Parlement, ou
de nos prochains Parlemens aduenir, nonobſtant que noſtre-dit Par-

lement fiée, & que paraduanture
les parties ne soient pas des iours
dont l'on plaidera lors, pour dire
pourtant comme à chacun d'eux
pourra toucher les causes de leur de-
bar, ou opposition, les veoir dire
& declarer par nostre-dite Cour,
auoir encourir les peines à eux sur ce
indites, & pour ouyr telles deman-
des, requestes & conclusions que
nostre Procureur General & lesdits
supplians pourtant comme à chacun d'eux pourra toucher & appartenir voudront contre eux, & vn
chacun d'eux proposer & requerir
pour occasion des choses dessusdites, leurs circonstances & deppen-
dances, proceder & aller auant, en
outre selon raison, en certiffian
deuëment nos amez & feaux Con-
seillers les gens tenans, ou qui tiendront nostre-dit Parlement de tou

ce que fait aura esté sur ce en ceste
partie, & leur r'enuoyant ladite information ou informations feablement closes & seellées, ausquels
nous mandons & pour les causes
dessusdites commandons & enjoignons que aux parties icelles ouïes
facent bon & brief accomplissement
de Iustice, En faisant tel prouision
touchant les choses dessusdites aufdits supplians pendans les procés
qui se pourront faire mouuoir,
qu'ils verront estre à faire de raison
au bien & vtilité de la chose publique, Car ainsi nous plaist-il & voulons estre fait de grace special par
ces presentes, au *vidimus* desquelles
fait sous seel Royal ou autenticque,
nous voulons pleine foy estre adiou-
stée comme à ce present original,
nonobstant appellations quelsconques ou dons par nous faits ou à

F

faire, Ordonnances, reſtrinctions,
mandemens quelsconques, Lettres
impetrées ou à impetrer à ce con-
traires.   DONNE' à Tours le troi-
ſieſme iour de Ianuier, l'an de grace
mil quatre cens quarante-ſix.

Et de noſtre Regne le vingt-
cinquieſme.

Et plus bas,

Par le R O Y.

Par le R O Y, *à la Relation des gens de
ſon Grand Conſeil.*

Signé,   A V D E'.

Et ſeellée ſur ſimple queuë.

*Collation faicte à l'Original par moy Notaire
du Chaſtelet d'Orleans ſoubs-ſigné, & ledit
Original remis au Treſor de la Communauté
deſdits Marchands, le 10. May 1630.*

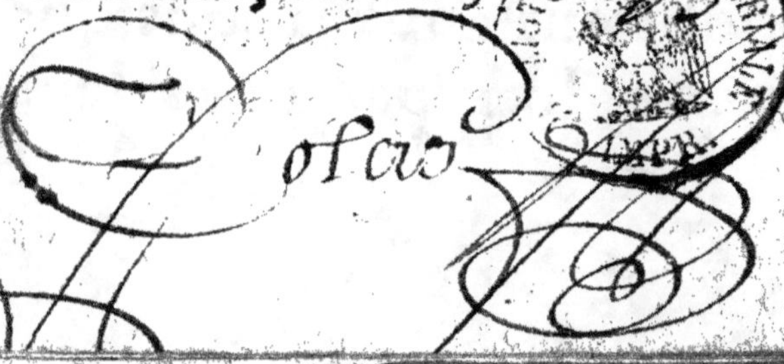